365 Weisheiten und Sprüche für den toleranten Schützen

365 Weisheiten und Sprüche für den toleranten Schützen

tosa

im Verlag Carl Ueberreuter Ges. m. b. H., Wien
Zusammenstellung: xl-graphic und Elisabeth Ebner
Covergestaltung: Joseph Koó
Druck: Druckerei Theiss GmbH,
St. Stefan im Lavanttal

www.tosa-verlag.com

VORWORT

Fragt man nach, können die meisten Menschen die zwölf Sternbilder des Tierkreiszeichens benennen. Viele dieser heute gebräuchlichen Namen haben ihren Ursprung in den Legenden des antiken Griechenland, wo die Götter und Heldengestalten mit den verschiedenen Sternformationen in Verbindung gesetzt wurden.

Das, was man heute jedoch allgemein als „geboren im Sternzeichen“ bezeichnet, bedeutet astrologisch, dass die Sonne in diesem Tierkreiszeichen steht. Der Tierkreis entspricht der Bahn, die die Sonne aus Sicht der Erde in einem Jahr vollzieht. Er ist ein „gedachter“ Kreis um die Erde, der in zwölf 30-Grad-Abschnitte eingeteilt ist. Der Tierkreis ist letztlich also nichts anderes als die in zwölf Stationen geteilte Sonnenlaufbahn.

Die zwölf Tierkreiszeichen beschreiben verschiedene Varianten des menschlichen Verhaltens bzw. zwölf Charaktertypen, wobei wir Menschen natürlich Mischungen der einzelnen Charaktere mit allerdings besonderen Schwerpunkten sind.

Die größten Dichter, Poeten und Philosophen der Menschheit haben sich mit den verschiedensten Charaktereigenschaften auseinandergesetzt und kleideten ihre Gedanken in treffendste Aphorismen. Ob von Euripides oder Sokrates, von William Shakespeare bis Oscar Wilde oder George Bernard Shaw, von Friedrich von Schiller, Marie von Ebner-Eschenbach bis hin zu Wilhelm Busch – um hier nur einige zu nennen –, wurden von den Autoren die besten Zitate und Aphorismen zusammengetragen, zu Ihrer Freude, zum Schmunzeln, aber auch zum Nachdenken.

Vielleicht glauben Sie nicht an die Macht Ihres Tierkreiszeichens, aber:

HABEN SIE NOCH NIE IHR HOROSKOP GELESEN?

Ein guter Aphorismus ist die Weisheit eines ganzen Buches in einem einzigen Satz.

Theodor Fontane
30. 12. 1819 bis 20. 9. 1898
dt. Schriftsteller

SCHÜTZE

23. November bis 21. Dezember

SAGITTARIUS

Der Schütze und sein Engel:

Tierkreiszeichenengel: Adnachiel

„Öffne deinen Geist und lass dich auf universelle Liebe ein“

Motto des Tierkreiszeichenengels: „Ich sehe“

TAG DER WOCHE	Donnerstag
GLÜCKSSTEIN	Brillant, Lapislazuli, Türkis, Saphir
FARBEN	Blau, Purpur, Gelb, Grün
BLUMEN	Nelke, Margerite, Schwertlilie
DÜFTE	Moschus, Veilchen
TIERE	Pferd, Hirsch, Pfau, Schwan

POSITIVE EIGENSCHAFTEN	**NEGATIVE EIGENSCHAFTEN**
fröhlich	überheblich
wissensdurstig	übertreibend
optimistisch	unzufrieden
tolerant	
begeisterungsfähig	
philosophisch-heiter	
freiheitsliebend	

Der Schütze ist fröhlich, charmant und geistreich. Er ist romantisch und wird schon aus dicscm Grund oft enttäuscht. Trotzdem bleibt sein Optimismus bestehen, denn jeder Tag ist eine neue Gelegenheit. Der Schütze hasst Eifersucht und ist äußerst freiheitsliebend. Sie sprechen frei heraus und sind absolut verlässlich. Für seine Freunde ist er offen und tolerant, aber auch ein Perfektionist. Seine Wissbegier ist unersättlich, besonders das andere Geschlecht erregt immer wieder sein Interesse.

Verträgliche Sternzeichen:
Widder und Löwe

Entgegengesetztes Sternzeichen:
Zwillinge

1. JANUAR

Für den Schützen ist eines der gefährlichsten Geräusche, die er machen kann, laut zu denken.

Medien spiegeln nicht die Wirklichkeit wider;
sie erzeugen Wirklichkeit.

Prof. Querulix

2. JANUAR

Die Kunst eines glücklichen Lebens ist es, ein Optimist zu sein und dabei gleichzeitig realistisch zu bleiben und zu denken.

Gescheite Leute sind immer
das beste Konversationslexikon.

Johann Wolfgang von Goethe,
Maximen und Reflexionen

3. JANUAR

Wenn die Menschen das Glück suchen, suchen sie meistens das Geld. Sie denken, Geld sei Glück. Doch die Erfahrung lehrt sie das Gegenteil, aber dann ist es meistens zu spät.

Man muss die Tatsachen kennen,
bevor man sie verdrehen kann.

Mark Twain

4. JANUAR

Es ist nicht so wichtig, wofür sich der Jüngling begeistert, wenn er sich nur begeistert.

Erfolg ist so ziemlich das Letzte,
was einem die Menschen verzeihen.

Truman Capote

5. JANUAR

Mit Schrecken müssen wir der Zeit entgegensehen, in der das Wissen in immer tiefere Volksschichten dringt, ohne dass die moralische Entwicklung gleichen Schritt hält.

Unabhängig und frei sein Leben gestalten zu können,
bedeutet bereits ein hohes Maß an Glück.

H.W.W.

6. JANUAR

Wir sollten uns endgültig abgewöhnen, andere für unsere Unzufriedenheit verantwortlich zu machen.

Wahrheit ist unser kostbarster Besitz.
Lasst uns sparsam mit ihr umgehen.

Mark Twain

7. JANUAR

Wer die Freiheit nicht im Blut hat, wer nicht fühlt, was das ist: Freiheit – der wird sie nie erringen.

Wenn du dich ärgerst, denk daran:
Der Ärger ist ein blödes Vieh.
Er fängt am falschen Ende an
und frisst nur dich – den Anlass nie.

Karl-Heinz Söhler

8. JANUAR

Es ist keine Kunst, Optimist zu sein, sondern zu bleiben.

Wer aufhört, besser zu werden,
hört auf, gut zu sein.

Robert Bosch

9. JANUAR

Abenteuer sind die leicht verderblichen und oft sehr folgenreichen Tollkirschen der Erfahrung.

Sport ist dazu da,
dass man gesünder stirbt und nicht,
dass man länger lebt.

Ludwig Prokop

10. JANUAR

Manches ist so wunderbar, dass es bereits reicht, nur daran geglaubt zu haben.

Worüber man nicht sprechen kann,
darüber muss man schweigen.

Ludwig Wittgenstein

11. JANUAR

Die zarte, schöne Welt, schön anzuschauen, zart empfinden ist das Glück, und Glück im Herzen schützt vor allem Unglück.

Wer nie etwas gehört von Tasso, Lippi, Orlando di Lasso,
ist trotzdem stets bereit, zu reden fürchterlich gescheit,
zum Beispiel über Picasso.

Eugen Roth

12. JANUAR

Ohne Begeisterung schlafen die besten Kräfte unseres Gemüts. Es ist ein Zunder in uns, der Funken will.

Zur Vollkommenheit fehlt manchen Menschen
nur ein Mangel.

Oscar Wilde

13. JANUAR

Alles Wissen hat nur dann einen Wert, wenn es uns tatfähiger macht.

Alter ist immer noch das einzige bekannte Mittel,
um lange leben zu können.

José Ortega y Gasset

14. JANUAR

Wer immer unzufrieden ist, der taugt nichts. Immer Unzufriedene sind dünkelhaft und boshaft dazu. Und während sie sich über andere lustig machen, lassen sie selbst viel zu wünschen übrig.

Das Talent arbeitet, das Genie schafft.

Robert Schumann

15. JANUAR

Was ist innere Freiheit? Innere Freiheit ist die Fähigkeit, über sich selbst zu lachen, bevor es die anderen tun.

Das ganze Streben der Menschen besteht darin,
bei anderen Ansehen zu genießen.

Blaise Pascal

16. JANUAR

An allem Unfug, der passiert, sind nicht etwa nur die schuld, die ihn tun, sondern auch die, die ihn nicht verhindern.

Bigamie ist der Versuch,
ein Übel zu verkleinern,
indem man es verdoppelt.

Helmar Nahr

17. JANUAR

Konsequent zu sein ist die größte Obliegenheit des Philosophen.

Autorität: Ohne sie kann der Mensch nicht existieren,
und doch bringt sie ebenso
viel Irrtum als Wahrheit mit sich.

Johann Wolfgang von Goethe,
Maximen und Reflexionen

18. JANUAR

Man muss kein Superoptimist sein, aber wer immer schwarz sieht, für den geht die Sonne am Morgen unter.

Der kennt Gott besser,
der ihn nicht zu kennen bekennt.

Aurelius Augustinus

19. JANUAR

Das Glück ist unbeständig: schnell fordert es zurück, was es gegeben hat.

Die Woche des Lebenskünstlers
hat sieben Sonntage.

Werner Mitsch

20. JANUAR

Keinem Menschen auf der Welt kann es gelingen, alles zu wissen, aber jeder, der sich begabt fühlt und der einigermaßen über seine geistige Kraft Rechenschaft abzulegen weiß, muss so viel wie möglich kennenzulernen suchen.

Die Stille ist das Atemholen der Welt.

Stevie Wonder

21. JANUAR

Das Gute, das man hat, nimmt man als selbstverständlich hin, und von dem, was einem fehlt, macht man mehr, als man bei richtiger und dankbarer Betrachtung daraus machen sollte.

Es gibt keine Handlung,
für die niemand verantwortlich wäre.

Otto von Bismarck

22. JANUAR

Die Freiheit ist nicht die Willkür, beliebig zu handeln, sondern die Fähigkeit, vernünftig zu handeln.

Das Kunstwerk ist eine Idee,
die übertrieben wird.

André Gide

23. JANUAR

Wenn der Schütze-Mann ein Abenteuer sucht, findet er nicht immer Angenehmes.

Trau keinem Zitat,
das du nicht selbst
aus dem Zusammenhang gerissen hast.

Johannes Rau

24. JANUAR

Am Ende des Weges mag der Pessimist Recht bekommen, aber unterwegs hat es der Optimist leichter.

Unablässige Arbeit besiegt alles.
(Labor omnia vincit improbus.)

Vergil

25. JANUAR

Das Glück ist eine Sache, die man fühlt und erlebt, es lässt sich nicht definieren und durch Vernunft erklären.

Neider sterben,
aber niemals stirbt der Neid.

Jean Baptiste Molière

26. JANUAR

All unser Wissen ist ein Darlehen der Welt und der Vorwelt. Der tätige Mensch trägt es an die Mitwelt und Nachwelt ab; der untätige stirbt mit einer unbezahlten Schuld. Jeder, der etwas Gutes wirkt, hat für die Ewigkeit gearbeitet.

Selbstlosigkeit ist ausgereifter Egoismus.

Herbert Spencer

27. JANUAR

Ewige Unzufriedenheit ist das mit Abstand wirkungsvollste empfängnisverhütende Mittel gegen Augenblicke des Glücks.

Verleumde nur kühn! Etwas bleibt immer hängen.
(Calumniare audacter, semper aliquid haeret.)

Plutarch

28. JANUAR

Es gibt kaum ein Wort heutzutage, mit dem mehr Missbrauch getrieben wird als mit dem Wort „frei". Ich traue dem Wort nicht, aus dem Grunde, weil keiner die Freiheit für alle will; jeder will sie für sich.

Unser größter Feind ist die Langeweile.

Voltaire

29. JANUAR

Es geht nicht darum, mit den physischen Augen zu sehen, sondern auch mit dem „dritten Auge“ der Seele. Du bist Seele und kannst als Seele wirken, wenn du anfängst, die inneren Wunderwelten der Seele selbst zu sehen.

Sprache ist das Bild
und der Spiegel der Gedanken.

Mark Hopkins

30. JANUAR

Der Optimist hat einen langen, schweren Weg, bis auch er zum Pessimisten wird.

Weniger wäre manchmal mehr gewesen.

Immanuel Kant

31. JANUAR

Mit ein bisserl Charakter kann der Mensch sein Unglück prächtig verschweigen, aber 's Glück – da wird jeder Atemzug zur Heroldstrompeten, jede Bewegung trommelt's aus: „Hier ist a kolossale Seligkeit zu sehn!"

Wahrheiten, die man besonders ungern hört,
hat man auch besonders nötig.

Jean de la Bruyère

1. FEBRUAR

Wissen, wie man mit einer Enzyklopädie umzugehen hat, ist besser, als eine Enzyklopädie zu sein.

Der Tod ist der Preis des Lebens.

Wolfgang Joop

2. FEBRUAR

Wer im ersten Leben zu viel meckert, kommt im zweiten als Ziege auf die Welt.

Zwar weiß ich viel,
doch möcht ich alles wissen.

Johann Wolfgang von Goethe,
Faust

3. FEBRUAR

Die echte Freiheit ist nicht eine Freiheit von etwas, sondern eine Freiheit zu etwas.

Am lästigsten sind die
geistreichen Dummköpfe.

François de la Rochefoucauld

4. FEBRUAR

Das Leben ist und birgt für die Schützen Abenteuer, sie sind das Gewürz im Einerlei.

Das Verständnis reicht oft weiter
als der Verstand.

Marie von Ebner-Eschenbach

5. FEBRUAR

Ein Optimist ist ein Mensch, der ein Dutzend Austern bestellt, in der Hoffnung, sie mit der Perle, die er darin findet, bezahlen zu können.

Der ungerechteste Frieden ist immer noch besser
als der gerechteste Krieg.

Cicero

6. FEBRUAR

Selten gibt's ein Glück, das nicht in Schaum zerfließt, wenn man es zu genau ergründet.

Einem fröhlichen Menschen schmeckt alles gut.

Bibelzitat,
Sirach 30,27

7. FEBRUAR

Was wir Menschen wissen, ist so wenig. Wir sind aber nicht mal in der Lage, dieses Wenige richtig und menschlich einzusetzen.

Wir sind vom gleichen Stoff,
aus dem die Träume sind.

William Shakespeare,
Hamlet

8. FEBRUAR

Wir denken selten an das, was wir haben, aber immer an das, was uns fehlt.

Denke lieber an das,
was du hast,
als an das,
was dir fehlt.

Marc Aurel

9. FEBRUAR

Nur wer die Freiheit anderer achtet, ist selbst der Freiheit wert.

Wer in der Liebe nur Glück erwartet,
hat keine Ahnung von der Liebe.

Pearl S. Buck

10. FEBRUAR

Hättest du geschwiegen, wärst du ein Philosoph geblieben.

Auch die andere Partei werde gehört.
(Audiatur et altera pars.)

Römischer Rechtsgrundsatz

11. FEBRUAR

Der Optimist ist wie ein Fotograf: Er arbeitet nur mit Filter und schützt sich so gegen die meisten negativen Einflüsse, verliert dabei aber auch manchmal die Wahrheit aus den Augen.

Wer das erste Knopfloch verfehlt,
kommt mit dem Zuknöpfen nicht zurande.

Johann Wolfgang von Goethe,
Maximen und Reflexionen

12. FEBRUAR

Wenn auf Erden Glück möglich ist, dann erst, wenn wir die Größe der Frau begriffen haben.

Alles Große in unserer Welt geschieht nur,
weil jemand mehr tut, als er muss.

Hermann Gmeiner

13. FEBRUAR

Gegen das zunehmende Wissen der Menschen wäre nichts einzuwenden, wenn sie dadurch gescheiter würden.

Um eine improvisierte Rede zu halten,
brauche ich mindestens
drei Wochen Vorbereitung.

Mark Twain

14. FEBRUAR

Alles in der Welt lässt sich ertragen,
nur nicht eine Reihe von schönen Tagen.

Verträge, die durch Zwang
zustande gekommen sind,
werden nicht eingehalten.

Niccolò Machiavelli

15. FEBRUAR

Wenn wir frei sein wollen, müssen wir uns unsere Freiheit selber schaffen und dürfen sie niemals von anderswoher erwarten.

Tätigkeit ist der wahre Genuss des Lebens,
ja das Leben selbst.

August Schlegel

16. FEBRUAR

Der weltgewandte Schütze sucht keine Abenteuer, er hat sie.

Sobald man spricht,
beginnt man schon zu irren.

Johann Wolfgang von Goethe,
Spruch, Widerspruch

17. FEBRUAR

Glück kann nur der nachempfinden, der es dankbar innehat und es dem anderen nicht verweigert.

Wer unter euch ohne Sünde ist,
der werfe den ersten Stein.

Bibelzitat,
Johannes 8,7

18. FEBRUAR

Der Mut zum Optimismus ist die Grundlage des Erfolgs.

Wer den Tag mit Lachen beginnt,
hat ihn bereits gewonnen.

Tschechisches Sprichwort

19. FEBRUAR

Nur der ist glücklich, und wahrhaft glücklich, der sagen kann: Willkommen das Leben, was immer es auch bringen möge! Willkommen der Tod, wie immer er sei!

Wenn man mir zustimmt,
habe ich immer das Gefühl,
im Unrecht zu sein.

Oscar Wilde

20. FEBRUAR

Ich weiß, dass ich nichts weiß, aber ich weiß mehr, als die anderen wissen, denn die wissen nicht, dass sie nichts wissen.

Ein Künstler ist nur einer,
der aus einer Lösung
ein Rätsel machen kann.

Karl Kraus

21. FEBRUAR

Aus dem Guten kommt das Bessere, aus dem Besseren das Beste und aus dem Besten die Unzufriedenheit.

Wenn es nicht wahr ist,
so ist es doch zumindest gut erfunden.

Giordano Bruno

22. FEBRUAR

Auf seine Freiheit verzichten, heißt auf seine Menschenwürde, seine Menschenrechte, selbst auf seine Pflichten verzichten.

Natürlich zu sein,
ist die schwierigste Pose,
die man einnehmen kann.

Oscar Wilde

23. FEBRUAR

Dem Optimisten gefällt die Welt, wie sie einmal sein wird. Die Pessimisten lassen sie sich, wie sie ist, gefallen.

Wer Liebhabereien hat,
lässt sie sich leicht zu viel kosten.

Lao-tse

24. FEBRUAR

Jeder Abschied beinhaltet auch die Freude auf Neues.

Wahre Freundschaft kann nur
auf der Verbindung ähnlicher Naturen beruhen.

Ludwig van Beethoven

25. FEBRUAR

Erforsche dein Wissen genau, und du wirst finden, dass dein ganzes Wissen im Verhältnis zu dem, was du nicht weißt, dem kleinen, durch Sonnenhitze ausgetrockneten Bächlein gleicht neben dem unendlichen Ozean.

Die meisten Regeln lassen
genug Spielraum für Ausnahmen.

Werner Mitsch

26. FEBRUAR

Die meisten Leute machen sich selbst bloß durch übertriebene Forderungen an das Schicksal unzufrieden.

Wer sich auf seinen Lorbeeren ausruht,
trägt sie an der falschen Stelle.

Heiner Geißler

27. FEBRUAR

Handle wie ein Optimist, aber plane voraus wie ein Pessimist! Wenn du beim Vorausplanen immer mit dem Schlimmstmöglichen rechnest, dann kannst du es, sollte es eintreten, verkraften.

Kultur ist immer Herausforderung.

August Everding

28. FEBRUAR

Das Grundprinzip unserer Freiheit ist die Freiheit des Willens, die viele im Munde führen, wenige aber verstehen.

Ich glaube nur an die
von mir selbst gefälschte Statistik.

Winston Churchill

29. FEBRUAR

Jeder ist selbst nur ein Individuum und kann sich auch eigentlich nur fürs Individuelle interessieren. Das Allgemeine findet sich von selbst, drängt sich auf, erhält sich, vermehrt sich. Wir benutzen's, aber wir lieben es nicht.

Ein gutes Essen bringt Leute zusammen.

Sokrates

1. MÄRZ

Du siehst die leuchtende Sternschnuppe nur dann, wenn sie vergeht.

Der Zufall ist die häufigste Form
der Tarnung des Schicksals.

Theodor Fontane

2. MÄRZ

Die Glückseligkeit besteht in dem glücklichen Leben, das glückliche Leben im tugendhaften Leben.

Ein Gesetz muss kurz sein,
damit es von Unkundigen
desto leichter behalten wird.

Seneca

3. MÄRZ

Die nach uns kommen, werden vielleicht mehr gelten als wir und sich für klüger halten, aber werden sie auch glücklicher und weiser sein? Wir selbst, die wir uns so viel Wissen angeeignet haben, sind wir etwa besser als unsere Väter, die, nach unserem Maß gemessen, so wenig wussten?

Wo ein Begeisterter steht,
da ist der Gipfel der Welt.

Joseph von Eichendorff

4. MÄRZ

Ein Nörgler hat nur einen natürlichen Gegner: sich selbst.

Musik ist der Liebe Nahrung.

William Shakespeare

5. MÄRZ

Die einzige Freiheit, die diesen Namen verdient, ist das Recht, unser Wohlergehen auf unserem eigenen Wege zu verfolgen, solange wir nicht anderen das ihrige verkümmern oder ihre darauf gerichteten Bemühungen durchkreuzen.

Das Leben lässt sich ohne
Heiterkeit nicht denken.

Johann Wolfgang von Goethe

6. MÄRZ

Wenn zwei dasselbe tun, ist es doch nicht dasselbe.

Erstes Anzeichen für den Tod
ist die Geburt.

Stanislaw Lec

7. MÄRZ

Der Optimist wird stets am besten fahren, weil er, geht alles gut, recht behält, geht's aber schlecht, hat er sich nicht gequält mit Dingen, die doch unvermeidlich waren.

Was Ortsgebrauch, das tue auch.

Jüdisches Sprichwort

8. MÄRZ

Unrechtmäßig ist es, wenn man, ohne zu schießen das Ziel treffen, ohne standzuhalten siegen, ohne Tätigkeit eine Unternehmung gut ausführen und als ein schlechter Mensch glücklich sein will.

Zähne wachsen mit dem Appetit.

Stanislaw Lec

9. MÄRZ

Wissen wiegt schwer. Das könnte auch ein Grund sein, warum man beim Älterwerden an Gewicht zunimmt.

Von einem Menschen,
der so ist, wie ich bin,
kann ich nichts lernen.

Elie Wiesel

10. MÄRZ

Wer Freiheit hat und ihrer würdig ist, der fragt: Wozu habe ich Freiheit? Und ruht nicht, bis er erkennt, welche Frucht sie bringt. Die Frucht der Freiheit aber ist eine: das Rechte zu tun.

Jeder Krieg ist der allerletzte.

Jean Giraudoux

11. MÄRZ

Erhabenheit und Überheblichkeit sind zwei feindliche Brüder.

Nur wer wirklich eigene Gedanken hat,
hat Stil.

Arthur Schopenhauer

12. MÄRZ

Wenn man die Fähigkeit hat, die Sonne hinter den Wolken zu sehen und nicht über die Wolken vor der Sonne jammert, dann ist das Leben lebenswert.

Weil, so schließt er messerscharf,
nicht sein kann,
was nicht sein darf.

Christian Morgenstern

13. MÄRZ

Für den philosophischen Schützen: Das Weinen der Erben ist ein maskiertes Lachen.

Vieles wünscht sich der Mensch,
und doch bedarf er nur wenig.

Johann Wolfgang von Goethe,
Herrmann und Dorothea

14. MÄRZ

Optimisten kann man kaum bestrafen. Denn sie werden auch darin noch einen Sinn für sich finden.

Um ein langes Leben bitten alle,
aber alt werden will keiner.

Ferdinand Raimund

15. MÄRZ

Glück ist keine Gunst, Glück ist. Es ist unsere Pflicht, danach zu greifen. Alles andere wäre Verschwendung.

Es ist leichter, einer Begierde zu entsagen,
als an ihr Maß zu halten.

Friedrich Nietzsche

16. MÄRZ

Unsere Welt lechzt danach, sich immer mehr Wissen anzueignen, und versäumt, sich auf den Weg zur inneren Weisheit zu begeben.

Eine gute Schwäche ist besser
als eine schlechte Stärke.

Charles Aznavour

17. MÄRZ

Vor der Fassade des Größenwahns blüht das Unkraut der Überheblichkeit.

Es gibt Fälle,
in denen vernünftig sein
feige sein heißt.

Marie von Ebner-Eschenbach

18. MÄRZ

Der freie Mensch handelt niemals arglistig, sondern stets aufrichtig.

Es gibt tausend Krankheiten,
aber nur eine Gesundheit.

Ludwig Börne

19. MÄRZ

Spiritualität bedeutet nicht, dem Leben zu entsagen und Eremit oder Asket zu werden. „Ein Heiliger, der nicht lachen kann, ist ein trauriger Heiliger.“

Geld verdirbt den Charakter –
vor allem, wenn man keins hat.

Peter Ustinov

20. MÄRZ

Die wahren Optimisten sind nicht überzeugt, dass alles gut gehen wird, aber sie sind überzeugt, dass nicht alles schiefgehen kann.

Ein Kind ist eine sichtbar gewordene Liebe.

Novalis

21. MÄRZ

Wer sein Glück nur in der Ferne sucht, ist nie zu Hause, wenn es anklopft.

Fange nie an, aufzuhören –
höre nie auf, anzufangen.

Cicero

22. MÄRZ

Der Mensch ist ein mit Wissen gesegnetes Wesen, welches es immer wieder schafft, diesem Wissen aus dem Wege zu gehen und töricht zu handeln.

Der Sieger hat viele Freunde,
der Besiegte hat gute Freunde.

Mongolisches Sprichwort

23. MÄRZ

Es behauptet sich so leicht, dass der Mensch gottähnlich sei, denn was ihm dazu an Größe fehlt, das gleicht er durch Überheblichkeit aus.

Dumm sein und Glück haben –
das ist das Größte.

Robert Lembke

24. MÄRZ

Meine Freiheit endet dort, wo die Freiheit meines Gegenübers beginnt.

Liebet eure Feinde.

Bibelzitat,
Matthäus 5,44

25. MÄRZ

In den nötigen Dingen Einigkeit, in den zweifelhaften Freiheit, in allem Nächstenliebe – das ist wahre Toleranz.

Wer klare Begriffe hat, kann befehlen.

Johann Wolfgang von Goethe,
Maximen und Reflexionen

26. MÄRZ

Das höchste Glück ist das, welches unsere Mängel verbessert und unsere Fehler ausgleicht.

Nicht vielerlei,
sondern viel muss man lesen.
(Non multa, sed multum.)

Plinius d. Ä.

27. MÄRZ

Man wird immer finden, dass diejenigen, die wirklich wissen, die bescheidensten Menschen sind.

Zufall ist ein Wort ohne Sinn;
nichts kann ohne Ursache existieren.

Voltaire

28. MÄRZ

Aus Schmerz und Verletztheit entsteht irgendwann Überheblichkeit. Das ist keine Boshaftigkeit, sondern wird zum Zufluchtsort der Seele.

Manchmal führt ein Rechenfehler
zur richtigen Lösung.

Stanislaw Lec

29. MÄRZ

Die Freiheit „hat“ man nicht – wie irgendetwas, das man auch verlieren kann –, sondern die Freiheit „bin ich“.

Der Mensch lernt nur aus Not
oder aus Überzeugung.

Johann Heinrich Pestalozzi

30. MÄRZ

Es wäre mühsam für den Schützen, alle zu Freunden zu haben, denn es würde ihm reichen, sie nicht zu Feinden zu haben.

Man wird des Guten und auch des Besten,
wenn es alltäglich zu sein beginnt, bald satt.

Gotthold Ephraim Lessing,
Minna von Barnhelm

31. MÄRZ

Optimismus ist die Luftblase in unserem Leben, die uns vor dem Untergehen bewahrt.

Wahre Satire verletzt nicht – sie tötet.

Stanislaw Lec

1. APRIL

Wenn ich mir überlege, was ich mir wünsche, finde ich, dass dafür keine andere Bezeichnung angemessen ist als das Wort „Glück“.

Glücklich ist,
wem von allen Gaben
klaren Sinn die Götter gaben.

Sophokles

2. APRIL

Wer sein Wissen angleichen will dem Wissen anderer, dringt nie in die Tiefe und ist verdammt zur Oberflächlichkeit.

Im Alter bereut man vor allem die Sünden,
die man nicht begangen hat.

William Somerset Maugham

3. APRIL

Die Gebote der Natur stehen niemals im Widerspruch zu denen der Klugheit.

Ich glaube, dass, wenn der Tod unsere Augen schließt,
wir in einem Lichte stehen,
von welchem unser Sonnenlicht nur der Schatten ist.

Arthur Schopenhauer

4. APRIL

Einigen, die vom hohen Rosse her auf uns herunterschauen, sollten wir gelegentlich sagen: Wir sind nicht hier, weil du da oben sitzest, sondern du sitzest da oben, weil wir hier sind.

In manchen Ländern sind Satiriker überflüssig –
die Regierung macht sich selbst lächerlich.

Roda Roda

5. APRIL

Durch Eintracht wächst Kleines, durch Zwietracht zerfällt das Größte.

Jede Zahl in einem Vortrag
halbiert die Zahl der Zuhörer.

Roman Herzog

6. APRIL

Betrachte immer die helle Seite der Dinge! Und wenn sie keine haben, dann reibe die dunkle, bis sie glänzt.

Lernen, ohne zu denken, ist vergebliche Mühe.
Denken, ohne zu lernen, ist sogar gefährlich.

Konfuzius

7. APRIL

Zum Erwerben eines Glücks gehört Fleiß und Geduld und zur Erhaltung desselben gehört Mäßigung und Vorsicht.

Hermann Josef Abs auf die Frage, was er tun würde,
wenn er plötzlich eine Million hätte:
„Nun, dann müsste ich mich sehr einschränken."

Hermann Josef Abs

8. APRIL

Die Zeit wird kommen, wo unsere Nachkommen sich wundern, dass wir so offenbare Dinge nicht gewusst haben.

Die erste Liebe, sagt man mit Recht, sei die einzige;
denn in der zweiten und durch die zweite
geht schon der höchste Sinn der Liebe verloren.

Johann Wolfgang von Goethe,
Dichtung und Wahrheit

9. APRIL

Hättest du geschwiegen,
wärst du ein Philosoph geblieben.

Erfolg erzeugt Erfolg, wie das Geld Geld erzeugt.

Chamfort

10. APRIL

Unterschätze niemals Feinde, weil sie klein und zahnlos sind. Nicht Löwen und Krokodile töten die meisten Menschen, sondern Viren und Bakterien.

Das Geld ist eine neue Form der Sklaverei.

Leo Tolstoi

11. APRIL

Alles, was die Menschen in Bewegung setzt, muss durch ihren Kopf hindurch, aber welche Gestalt es in diesem Kopf annimmt, hängt von den Umständen ab.

Der Krieg ernährt den Krieg.

Friedrich von Schiller,
Wallenstein

12. APRIL

Freundlichkeit ist die Kunst, dem Menschen mehr Liebe entgegenzubringen, als er verdient.

Die Natur ist immer
auf der Seite des versteckten Fehlers.

Murphys Gesetz

13. APRIL

Übe Nachsicht gegenüber deinen Mitmenschen – und fordere von ihnen und von dir selbst nicht zu viel.

Ein guter Psychologe ist imstande,
dich ohne Weiteres
in seine Lage zu versetzen.

Karl Kraus

14. APRIL

Weder vom Körper noch vom Geld hängt es ab, ob Menschen glücklich sind, sondern ob der Mensch mit sich zurechtkommt oder immer etwas anderes will.

Die Liebe allein ist eine Tugend
und schafft alle anderen Tugenden.

Martin Luther

15. APRIL

Echte Toleranz beruht nicht auf Schwäche, sondern auf verständnisvoller Liebe.

Ein Zyniker ist ein Mensch,
der aus einem Elefanten eine Mücke macht.

Felix Pollak

16. APRIL

In dem Maße, in dem sich unser Wissen addiert, multipliziert sich der Bereich unseres Nichtwissens.

Gewinn zu bewahren,
erfordert so viel Kraft,
wie ihn zu erwerben.

Ovid

17. APRIL

Überheblichkeit ist eine ins Krankhafte verzerrte Form des Selbstbewusstseins.

Humor ist einfach eine komische Art,
ernst zu sein.

Peter Ustinov

18. APRIL

Man ist niemals so, wie man es mit allen Fasern seines Herzens sein möchte.

Die Genusssucht frisst alles,
am liebsten aber das Glück.

Marie von Ebner-Eschenbach

19. APRIL

Die Menschheit wird wissensmäßig von Jahr zu Jahr intelligenter, der einzelne Mensch nicht unbedingt.

Es bildet ein Talent sich in der Stille,
Sich ein Charakter in dem Strom der Welt.

Johann Wolfgang von Goethe,
Tasso

20. APRIL

Gleichmütig muss man die Schmähreden Unkundiger hören.

Ein Messer wetzt das andere,
und ein Wort das andere.

Bibelzitat,
Prediger Salomo 27,17

21. APRIL

Wenn man mit sich selbst einig ist und mit seinen Nächsten, das ist auf der Welt das Beste.

Wer jeden Tag sagen kann:
„Ich habe gelebt“,
dem bringt jeder Morgen einen neuen Gewinn.

Seneca

22. APRIL

Toleranz ist die Tugend des Menschen, der keine Überzeugungen hat.

Wer scharf denkt, wird Pessimist.
Wer tief denkt, wird Optimist.

Henri Bergson

23. APRIL

Was ist das: Toleranz? Es ist die schönste Gabe der Menschlichkeit. Wir sind alle voller Schwächen und Irrtümer; vergeben wir uns also gegenseitig unsere Torheiten. Das ist das erste Gebot der Natur.

Das Wort ist nur ein Zeichen für den Gedanken.

Friedrich Nietzsche

24. APRIL

Überheblichkeit ist die erste Leitersprosse auf dem Weg nach unten.

Die Wortkargen imponieren immer.
Man glaubt schwer,
dass jemand kein anderes Geheimnis zu bewahren habe
als das seiner Unbedeutendheit.

Marie von Ebner-Eschenbach

25. APRIL

Wir wären glücklicher, wenn wir unser Glück an unserer Dankbarkeit messen würden statt am Unglück anderer.

Die falschesten Redensarten haben den größten Reiz.

Elias Canetti

26. APRIL

Wer wenig weiß, besitzt meist großen Glauben; wer glaubt, viel zu wissen, jedoch geringen. Wer aber wirklich viel weiß, der weiß mit Recht, warum er Glauben besitzt.

Die Menschen sind gut,
bloß die Leute sind schlecht.

Erich Kästner

27. APRIL

Im Gegensatz zur Pest ist die Dummheit keine Krankheit, weshalb keine Hoffnung darauf besteht, sie jemals ausrotten zu können.

Geduld ist gezähmte Leidenschaft.

Lyman Abbott

28. APRIL

Alle Dinge haben Zeiten des Vorangehens und Zeiten des Folgens, Zeiten des Flammens und Zeiten des Erkaltens, Zeiten der Kraft und Zeiten der Schwäche, Zeiten des Gewinnens und Zeiten des Verlierens. Deshalb meidet der Weise Übertreibungen, Maßlosigkeit und Überheblichkeit.

Es ist sehr schwer, Erfahrungen zu machen
und nicht zynisch zu werden.

H.W.W.

29. APRIL

Von zwei Übeln ist das kleinere zu wählen.

Geschichte kennt keine Wiederholung.

Shimon Peres

30. APRIL

Willst du glücklich sein? Dann achte darauf, was dir Freude macht – und mache es.

Hinter den meisten Karrieren steht nicht Leistungswillen,
sondern – außer dem Zufall –
Machtstreben und Eitelkeit.

Radolph Obert

1. MAI

Das eindrucksvollste Beispiel von Toleranz ist eine goldene Hochzeit.

Frauen sind da, um geliebt,
nicht um verstanden zu werden.

Oscar Wilde

2. MAI

Es gibt Leute, die behaupten, schon alles gewusst und alles gesehen zu haben. Nur, wenn man sie fragt, haben sie das meiste angeblich vergessen.

Es ist besser, Genossenes zu bereuen,
als zu bereuen, dass man nichts genossen hat.

Giacomo Boccaccio

3. MAI

Der Wunsch, das Lebensnotwendige zu besitzen, hat noch keinen Menschen zu Fall gebracht, wohl aber der Wunsch nach Dingen, die er nicht wirklich braucht.

Gold und Lachen können das Alter zur Jugend machen.

Talmud

4. MAI

Die nur ganz langsam gehen, aber immer den rechten Weg verfolgen, können viel weiter kommen als die, welche laufen und auf Abwege geraten.

In Wahrheit bin ich ein ängstlicher Mensch.
Wenn ich das nicht wäre,
wäre ich schon längst tot.

Reinhold Messner

5. MAI

Der sicherste Weg, andern die Grenzen des eigenen Wissens zu verbergen, ist, diese nicht zu überschreiten.

Im Glück wird man vergesslich.

Menander

6. MAI

Der muss viele fürchten, den viele fürchten.

Leute, die immer die Gescheiteren sein wollen,
sind genötigt, an diese Mühe so viel Intensität
des Verstandes zu verwenden,
dass sie am Ende meistens die Dümmeren sind.

Arthur Schnitzler

7. MAI

Fragt euch, ob ihr glücklich seid, und ihr werdet aufhören, es zu sein.

Ich habe einen ganz einfachen Geschmack:
Ich bin immer mit dem Besten zufrieden.

Oscar Wilde

8. MAI

Toleranz ist dort, wo der Mensch zu denken anfängt.

Man muss einem jungen Mädchen
seine Freiheiten lassen;
nur soll man ihr keine Gelegenheit geben,
sie zu benutzen.

Sören Kierkegaard

9. MAI

Wohl kaum jemand vermag intensiver abzukürzen als die Maß-losen.

Manch einer verdankt seinen Erfolg den Ratschlägen,
die er nicht angenommen hat.

Franz Molnár

10. MAI

Was wir die Wirklichkeit nennen, ist eine bestimmte Beziehung zwischen Empfindungen und Erinnerungen, die uns gleichzeitig umgeben.

Man braucht zwei Jahre, um sprechen zu lernen,
und fünfzig, um schweigen zu lernen.

Ernest Hemingway

11. MAI

Man kann eines Menschen Antlitz kennen und dennoch nicht sein Herz.

Melancholie ist das Vergnügen,
traurig zu sein.

Victor Hugo

12. MAI

Kaum etwas wird so häufig missbraucht wie die Toleranz. Null Toleranz ist freilich immer die schlechteste Antwort und alles andere als ein Ausdruck von Souveränität und Stärke.

Mitleid ist die höchste Form der Liebe –
vielleicht die Liebe selbst.

Heinrich Heine

13. MAI

Nichtwissen ist eine Erkenntnis, die zum Lernen befähigt; falsches Wissen ist Arroganz, abgeleitet von Selbstüberschätzung.

Neigungen zu haben und sie zu beherrschen ist rühmlicher,
als Neigungen zu meiden.

Novalis

14. MAI

Die Extreme sind verderblich und gehen von Menschen aus; jeder Ausgleich ist gerecht und kommt von Gott.

Kein Ärmerer auf dieser Welt als der Reiche,
der es nicht versteht,
zu verschwenden.

Arthur Schnitzler

15. MAI

Sogenannte dumme Fragen haben schon so mancher klugen Erkenntnis in den Sattel geholfen.

Nur wenn man das kleinste Detail im Griff hat,
kann man präzise arbeiten.

Niki Lauda

16. MAI

Mancher hätte das große Los gezogen, wenn er den großen Einsatz nicht gescheut hätte.

Sprache ist ein Mittel zur Kommunikation,
das uns Verständigung erlaubt,
ohne dass wir einander verstehen müssen.

Prof. Querulix

17. MAI

Kaum etwas ist so verwundbar wie Toleranz, kann aber gerade durch Inkaufnahme dessen ein ausgesprochener Ausdruck von Stärke sein.

Nichts ist so ansteckend wie das Beispiel.

François de la Rochefoucauld

18. MAI

Der Grund, weshalb wir uns über die Welt täuschen, liegt sehr oft darin, dass wir uns über uns selbst täuschen.

Selbstüberschätzung ist der erste Schritt
zum Größenwahn.

Werner Mitsch

19. MAI

Die Vielwisserei ist noch nicht Vielseitigkeit; die wahre Vielseitigkeit bedeutet schöpferisches Gleichgewicht in der Weltanschauung.

Trau keinem,
der nie für etwas Partei genommen hat.

Gottfried Keller

20. MAI

Man weiß nicht, was genug ist, bevor man weiß, was mehr als genug ist.

Unser Körper erinnert uns täglich daran,
dass er älter und alt wird;
unser Geist spiegelt uns vor,
dass er immer jung bleibt.

Johannes Gross

21. MAI

Im Reich der Wirklichkeit ist man nie so glücklich wie im Reich der Gedanken.

Unaufhaltsam enteilet die Zeit.

Friedrich von Schiller

22. MAI

Glück liegt in der Freude des Erreichten und im Erlebnis der kreativen Bemühungen.

Weniges auf dieser Welt verbindet so stark
wie die gemeinsame Abneigung
gegen einen Dritten.

René Clair

23. MAI

Widerstand gegen jede Art von Veränderung ist die Fähigkeit, welche der Mensch am besten beherrscht.

Wenn du die Menschen verstehen willst,
darfst du nicht auf ihre Reden hören.

Antoine de Saint-Exupéry

24. MAI

Tolerant sein kann, wer sich sicher fühlt. Sicher seiner selbst, seiner Wohnung, seiner Arbeit, seines Einkommens, der Hoffnung auf Zukunft und der Achtung seiner Mitmenschen.

Jeder Abschied ist ein wenig sterben.

Französisches Sprichwort

25. MAI

Unser Überdruss ist nicht Mangel oder Unzulänglichkeit der Außenwelt, wie wir so gerne glauben möchten, er ist vielmehr die eigene Erschöpfung und offenbart unsere Schwäche.

Polemik soll den Gegner um seine Seelenruhe bringen,
nicht ihn belästigen.

Karl Kraus

26. MAI

Wissen ist eine gewaltige Macht, die der Seele des Menschen Flügel geben kann. Ein großer Mensch ist aber nur der, der sich selbst eine Quantitätsgrenze setzt und damit der Qualität einen Platz einräumt, und schließlich beim Gebrauch Charakter zeigt.

Kunst ist Anarchie.

Heinrich Böll

27. MAI

Kein höh'res Glück dem Menschen lacht,
als wenn er andre glücklich macht.

Es gibt keine reine Wahrheit,
aber ebenso wenig einen reinen Irrtum.

Friedrich Hebbel

28. MAI

Der Unterschied zwischen dem richtigen Wort und dem beinahe richtigen ist derselbe wie zwischen dem Blitz und dem Glühwürmchen.

Erfolg muss man langsam löffeln,
sonst verschluckt man sich.

Erika Pluhar

29. MAI

Das rechte Maß ist aller Weisheit Schluss,
wer es nicht findet, lebt stets im Verdruss.

Eine Reise um die Welt
ist der kürzeste Weg zu sich selbst.

Lao-tse

30. MAI

Nur weil sich manche Menschen zu manchen Dingen nicht kritisch äußern, bedeutet das noch lange nicht, dass sie tolerant sind. Manchmal wird eben Toleranz mit Gleichgültigkeit verwechselt.

Des Künstlers Gefühl ist sein Gesetz.

Caspar David Friedrich

31. MAI

Toleranz bedeutet nicht nur anderen Angenehmes zuzugestehen, sondern auch anderen Unangenehmes nicht zuzumuten.

Ehe man kritisiert, sollte man immer erst versuchen,
ob man nicht entschuldigen kann.

Georg Christoph Lichtenberg

1. JUNI

Philosophie ist oft nicht mehr als der Mut, in einen Irrgarten einzutreten. Wer aber dann auch die Eingangspforte vergisst, kann leicht in den Ruf eines selbstständigen Denkers kommen.

Die Kunst dient dazu,
uns die Augen auszuwischen.

Karl Kraus

2. JUNI

Je mehr man schon weiß, je mehr hat man noch zu lernen. Mit dem Wissen nimmt das Nichtwissen in gleichem Grade zu oder vielmehr das Wissen des Nichtwissens.

Wer vieles weiß, erspart sich manches.

Werner Mitsch

3. JUNI

Wer andere bezwingt, ist kraftvoll. Wer sich selbst bezwingt, ist unbezwingbar.

Wer mich besucht, erweist mir eine Ehre.
Wer mich nicht besucht, macht mir eine Freude.

Henry de Montherlant

4. JUNI

Wer das Glück nicht in sich selber finden kann, wird es unnötigerweise anderswo suchen.

Ein Maler soll nicht nur malen,
was er vor sich sieht, sondern vor allem,
was er in sich sieht.

Caspar David Friedrich

5. JUNI

Die Philosophen haben von jeher weder Homer noch die Pharisäer gebraucht, um überzeugt zu sein, dass alles nach unabänderlichen Gesetzen geschieht, dass alles im Voraus geordnet ist, dass alles zwangsläufige Wirkung ist.

Satiren, die der Zensor versteht,
werden mit Recht verboten.

Karl Kraus

6. JUNI

Die wahren Eroberungen, die keine Reue hinterlassen, sind Siege über die Unwissenheit.

Planung ist Ersatz des Zufalls durch den Irrtum.

Alfred Dregger

7. JUNI

Je weniger die menschliche Kraft in Anspruch genommen wird, desto mehr neigt sie zu Exzessen.

Ein Unternehmer mag privat ein Wohltäter sein,
ein Verschwender, ein Heiliger, aber als Unternehmer ist sein
Hauptstreben das Gewinnstreben.
Sonst ist er kein Unternehmer.

Rudolf Krämer-Badoni

8. JUNI

Zu weit getrieben, verfehlt die Strenge ihres weisen Zwecks.

Der Mensch wird nur die Welt wahrnehmen,
die er schon in sich trägt.

Antoine de Saint-Exupéry

9. JUNI

Begrenzte Mittel bringen neue Formen hervor, sie fordern zum Schöpfen auf, sie bilden Stil.

Wenn ich als erfolgreicher Mann
einen Rat zu geben hätte, dann diesen:
Wer erfolgreich sein will, muss denken.
Und zwar denken, bis es wehtut.

Roy Herbert Thomson of Fleet

10. JUNI

Die Vergangenheit hängt nicht mehr von uns ab, doch die Zukunft bestimmen wir.

Die Feinde meines Feindes sind meine Freunde.

Arabisches Sprichwort

11. JUNI

Manchmal sind es die kleinen Dinge, die Verborgenen, die man auf den ersten Blick nicht sieht, die Glücksmomente schenken und das Leben kostbar machen.

Der einfachste Mensch ist immer
noch ein sehr kompliziertes Wesen.

Marie von Ebner-Eschenbach

12. JUNI

Toleranz sollte eigentlich nur eine vorübergehende Gesinnung sein: Sie muss zu Anerkennung führen. Dulden heißt beleidigen.

Den Inhalt einer Frau erfasst man bald.
Aber bis man zur Oberfläche vordringt!

Karl Kraus

13. JUNI

Toleranz, die von der Freiheit stammt, ist ein Himmelskind und der schönsten eines, aber die Toleranz, die nichts ist als Umschreibung des Satzes „alles ist schließlich ganz egal“, die mag der Teufel holen.

Die Kunst fordert vom Künstler kein Talent,
sondern Werke.

Stanislaw Lec

14. JUNI

Ich habe nachgeforscht, ob es ein Mittel gibt, ohne jedes Verdienst sein Glück zu machen; ich habe keins gefunden.

Der Tod ist eigentlich nur die Angst vor dem Tod.

Martin Luther

15. JUNI

Es gibt nämlich wirklich ein Heilmittel für die Seele: die Philosophie. Ihre Hilfe ist nicht außerhalb der eigenen Person zu suchen, wie bei körperlichen Krankheiten, sondern wir müssen uns mit aller Kraft bemühen, uns selbst heilen zu können.

Die Strafe soll nicht größer sein als die Schuld.

Cicero

16. JUNI

Eine Sache, die erwiesenermaßen gut ist, nochmals untersuchen zu wollen, heißt, das Tageslicht mit einer Lampe suchen.

Des Lebens Mai blüht einmal und nicht wieder.

Friedrich von Schiller,
Resignation

17. JUNI

Die gescheiten und die dummen Leute erkennt man unter anderem auch daran, dass die Dummen das verehren, was in ihrer eigenen Richtung liegt, die Gescheiten aber, was sie fühlen, dass es ihnen abgeht.

Die Zahl ist das Wesen aller Dinge.

Pythagoras

18. JUNI

Der wahre Philosoph schwingt sich allein durch die Kraft seiner Vernunft auf den Standpunkt, zu dem der Durchschnittsmensch nur dank der Wohltat der Zeit gelangt.

Erfolg wird nur haben, wer sich unterscheidet.

Ted Turner

19. JUNI

Wissen ist Macht. Das ändert aber so gut wie nichts an der Übermacht der Dummheit.

Ein Manager muss genau wissen, was er nicht kann, um sich dafür die richtigen Leute zu suchen.

Philip Rosenthal

20. JUNI

Wer tolerant ist, hält sich selbst für besser. Tolerare heißt nur „erdulden“ oder „ertragen“. Wie wäre es stattdessen mit Akzeptanz oder sogar Respekt vor dem Andersartigen?

Ein Urteil lässt sich widerlegen, aber niemals ein Vorurteil.

Marie von Ebner-Eschenbach

21. JUNI

Das Glück ist vom Unglück nur zwei Buchstaben weit entfernt.

Ein glücklicher Mensch bin ich in meinem Leben nur selten gewesen. Wenn ich die Minuten wahren Glücks zusammenzähle, so kommen wohl nicht mehr als vierundzwanzig Stunden im Ganzen heraus.

Otto von Bismarck

22. JUNI

Wenn du im Recht bist, kannst du dir leisten, die Ruhe zu bewahren; und wenn du im Unrecht bist, kannst du dir nicht leisten, sie zu verlieren.

Geduld verlieren heißt Würde verlieren.

Indisches Sprichwort

23. JUNI

Die Philosophie ist die einzige wissenschaftliche Disziplin, deren Angehörige zu allem etwas zu sagen haben, ohne von irgendetwas eine Ahnung haben zu müssen.

Leute, die jedes Risiko scheuen,
gehen das größte Risiko ein.

George Frost Kennan

24. JUNI

Die Liebe zum Detail verbaut so manchem die Aussicht auf ein sorgenfreies Leben.

Geschmack hat nichts mit Geld zu tun,
sondern mit Stil.

H.W.W.

25. JUNI

Wissen ist nur dann Macht, wenn du etwas über die richtigen Leute weißt.

Man darf älter werden, aber nicht alt.
Das Schlimmste ist, keine Aufgaben mehr zu haben;
man muss sich immer wieder neue Ziele setzen.

Hans Dietrich Genscher

26. JUNI

Glücklich sein, wie man das macht? Ärger hat man besser keinen. Hilfreich ist es, wenn man lacht. Und vor Glück darf man auch weinen.

Golf ist ein verdorbener Spaziergang.

Kurt Tucholsky

27. JUNI

Toleranz ist vor allem die Erkenntnis, dass es keinen Sinn hat, sich aufzuregen.

Melancholie und Sorgen sind zu einem großen Teil
nichts anderes als gelerntes Unglücklichsein.

Stefan Klein,
Die Glücksformel

28. JUNI

Nichts ist so absurd, dass es nicht schon von einem Philosophen behauptet worden ist.

Mittelmäßige Geister verurteilen gewöhnlich alles,
was über ihren Horizont geht.

François de la Rochefoucauld

29. JUNI

Wenn die Leute nicht viel wissen, lach nicht über sie, denn jeder von ihnen weiß etwas, was du nicht weißt.

Ein jeder lernt nur, was er lernen kann.
Doch der den Augenblick ergreift,
Das ist der rechte Mann.

Johann Wolfgang von Goethe,
Faust

30. JUNI

Nicht immer sind die Stillen auch die Weisen. Es gibt verschlossene Truhen, die leer sind.

Die wahre Heimat ist eigentlich die Sprache.

Wilhelm von Humboldt

1. JULI

Die Übertreibung ist lediglich eine Art bestätigendes Detail, das einer ansonsten eher schmucklosen und wenig überzeugenden Schilderung Ansehen verleihen soll.

Klassiker möchte jeder gelesen haben,
aber keiner lesen.

Mark Twain

2. JULI

Das Geheimnis des Glücks besteht darin, nicht zu viel und nicht zu wenig zu wollen.

Geld ist ein Argument.
Und oft nicht einmal das schlechteste.

Werner Mitsch

3. JULI

Modernes Toleranzverständnis – Feigheit vor der Wirklichkeit der Unterschiede.

Negative Emotionen wie Wut und Trauer
sollten nicht „ausgelebt“,
sondern bewusst kontrolliert werden.

Stefan Klein,
Die Glücksformel

4. JULI

Der Mut zur Wahrheit ist die erste Bedingung des philosophischen Studiums.

Was einst Laster war, ist heute Sitte.

Seneca

5. JULI

Durch bloßes logisches Denken vermögen wir keinerlei Wissen über die Erfahrungswelt zu erlangen; alles Wissen über die Wirklichkeit geht von der Erfahrung aus und mündet in ihr.

Vergiss nicht: Man braucht nur wenig,
um ein glückliches Leben zu führen.

Marc Aurel

6. JULI

Versuch's, und übertreib einmal, gleich ist die Welt von dir entzückt. Das Grenzenlose heißt genial, wär's auch nur grenzenlos verrückt.

Sparsamkeit ist eine gute Einnahme.

Cicero

7. JULI

Glück ist, aufzuwachen – und jeden Tag als Geschenk Gottes zu sehen.

Macht zu haben
und trotzdem keine Herrschaft auszuüben,
das ist Tugend.

Lao-tse

8. JULI

Man sollte die Toleranz nie so weit treiben, dass die Intoleranten Vorteile daraus ziehen könnten.

Man wird nicht als Frau geboren,
man wird es.

Simone de Beauvoir

9. JULI

Die Unterstützung des glücklichen Lebens ist der einzige Gegenstand, den sich die Philosophie zum Zweck und Ziel setzen muss.

Sage mir, wer dich lobt,
und ich sage dir, worin deine Fehler bestehen.

Wladimir I. Lenin

10. JULI

Theoretisch gesehen ist die Unzufriedenheit nichts anderes als eine negative Zufriedenheit.

Tradition ist bewahrter Fortschritt,
Fortschritt ist weitergeführte Tradition.

Carl Friedrich von Weizsäcker

11. JULI

Wer in seinen Worten maßlos ist, wird sie schwerlich in die Tat umsetzen können.

Wenn man reich ist,
kann man sich den Luxus leisten,
anderen zu missfallen.

Oscar Wilde

12. JULI

Der verdient, dass man ihn glücklich preise, der der Götter milde Gaben weise nutzt und unverdientes Missgeschick mutig trägt.

Kaufen, wenn die Kanonen donnern.

Baron Rothschild

13. JULI

Wie sollte man wohl leben, wenn man nicht fortwährend bei sich wie bei den anderen hunderterlei Krumm gerade sein ließe.

Wer im Rolls-Royce durch Frankfurt fährt,
bekommt von mir keinen Kredit.

Hermann Josef Abs

14. JULI

Philosophieren bedeutet, die Brille, durch die man die Welt betrachtet, zu putzen und eine neue, klare Sicht auf die Dinge zu gewinnen.

Den Besitz zu beschützen bedarf es so viel Kraft,
wie ihn erst zu erwerben.

Ovid

15. JULI

Wenn Gott auf der 5-Tage-Woche bestanden hätte, gäbe es heute keine Menschen.

Der Zweck heiligt die Mittel.
(Cum finis est licitus, etiam media sunt licita.)

Jesuitenmoral

16. JULI

Vier Säulen stützen den Tempel der irdischen Glückseligkeit: Gesundheit, Gemütsruhe, Wohlstand und Freundschaft.

Es ist besser,
Ehrungen zu verdienen und nicht geehrt zu sein,
als geehrt zu sein und es nicht zu verdienen.

Mark Twain

17. JULI

Wem wenig nie genug ist, dem wird auch genug immer zu wenig sein.

Es ist offenbar, dass sich das Auge
nach den Gegenständen bildet,
die es von Jugend auf erblickt.

Johann Wolfgang von Goethe,
Italienische Reise

18. JULI

Es ist nicht jedem gegeben, den Geist aufzuheitern; man muss viel natürlichen Frohsinn haben, um ihn andern mitzuteilen.

Die Sterne lügen nicht.

Friedrich von Schiller

19. JULI

Die meisten Menschen haben einen Moment im Leben, wo sie große Dinge tun können, in denen ihnen nichts unmöglich erscheint.

Frauen inspirieren uns zu großen Dingen
und hindern uns dann, sie auszuführen.

Alexandre Dumas d. J.

20. JULI

Philosophische Gedanken sind wie Kugelfische, die nur richtig zubereitet ein Genuss sind. Ansonsten besteht geistige Vergiftungsgefahr.

Glücklich machen ist das höchste Glück.

Theodor Fontane

21. JULI

Es fällt einem unzufriedenen Menschen schwer, nicht in einem anderen und ganz besonders nicht in seinem Nächsten den eigentlichen Urheber seiner Unzufriedenheit zu sehen.

Gerichte können kein Gerücht
zum Schweigen bringen.

Johann Nepomuk Nestroy

22. JULI

Heiterkeit ist etwas anderes als Lustigkeit. Wahre Heiterkeit kann nur entstehen, wenn der Mensch sich für die nächste Zukunft in Ruhe und Sicherheit weiß.

Meine Musik will mit Verstand gehört werden.

Ludwig van Beethoven

23. JULI

Niemals genießen wir ein ganz vollkommenes Glück: den stolzesten Triumphen ist ein Wermutstropfen beigemengt; stets gibt es einen Gram in einem solchen Augenblick, der sich in unsere ungetrübte Freude drängt.

Nichts ist mühsam, was man willig tut.

Thomas Jefferson

24. JULI

Alle Freude, alles Glück, das wir außen empfinden, ist eine Widerspiegelung unseres wahren inneren Selbst, die dann entsteht, wenn wir in einer Sache völlig aufgehen.

Trau keinem über dreißig!

Karl Marx

25. JULI

Philosophen sind wie der Weihnachtsmann: Sie bringen den Menschen die schönsten Geschenke wie Wahrheit, Vernunft und Sinn, doch keiner glaubt an sie.

Umstände sollten niemals Prinzipien verändern.

Oscar Wilde

26. JULI

Heiterkeit, die in der Stimmung des Gemüts ist, bleibt ein freies, dir selbst zustehendes Trostmittel, wo Trostgründe nicht mehr ausreichen.

Was noch zu leisten ist: das bedenke.
Was du schon geleistet hast: das vergiss.

Marie von Ebner-Eschenbach

27. JULI

Ein einziger freudloser Mensch genügt schon, um einem ganzen Hausstande dauernden Missmut und trüben Himmel zu machen; und nur durch ein Wunder geschieht es, dass dieser eine fehlt! Das Glück ist lange nicht so eine ansteckende Krankheit – woher kommt das?

Mitfreude, nicht Mitleiden macht den Freund.

Friedrich Nietzsche

28. JULI

Die wesentliche Voraussetzung für Glück ist die Bereitschaft, der zu sein, der man ist.

Der Tod ist der Beginn der Unsterblichkeit.

Maximilien de Robespierre

29. JULI

Begeisterung allein genügt nicht. Es braucht Begeisterung mit Geist.

Wir müssten uns oft unserer besten Taten schämen,
wenn die Beweggründe dazu ans Licht kämen.

François de la Rochefoucauld

30. JULI

Philosophie heißt Liebe zur Weisheit, und Philosoph ist derjenige, welcher die Weisheit liebt.

Wer fremde Sprachen nicht kennt,
weiß nichts von seiner eigenen.

Johann Wolfgang von Goethe,
Maximen und Reflexionen

31. JULI

Wo die Bäume der Unzufriedenheit in den Himmel wachsen, gedeihen Unglückspilze besonders gut.

Wer im zwanzigsten Jahr nicht schön,
im dreißigsten Jahr nicht stark,
im vierzigsten Jahr nicht klug,
im fünfzigsten Jahr nicht reich ist,
der darf danach nicht hoffen.

Martin Luther

1. AUGUST

Kein Krieg ist so schrecklich wie der ewige Krieg mit sich selbst.

Nur wenige sind unter den Begnadeten die Auserwählten.

Arthur Rubinstein

2. AUGUST

An schönen, vortrefflichen Menschen ist, finde ich, nicht immer nur der Ernst ihres bewussten Wirkens denkwürdig; man sollte auch die Erinnerung daran bewahren, wie sie sich in heiteren Stunden gegeben haben.

Manch einer ist kein Talent, doch ein Charakter.

Heinrich Heine

3. AUGUST

Begeisterung ist darum so schätzbar, weil sie der menschlichen Seele die Kraft einflößt, ihre schönsten Anstrengungen zu machen und fortzusetzen.

Satire ist Humor, der ernst genommen werden will.

Werner Mitsch

4. AUGUST

Es ist eine eigene Sache im Leben, dass, wenn man gar nicht an Glück oder Unglück denkt, sondern nur an strenge, sich nicht schonende Pflichterfüllung, das Glück sich von selbst, auch bei entbehrender, mühevoller Lebensweise einstellt.

Wenn ich dich liebe, was geht's dich an?

Baruch Spinoza

5. AUGUST

Philosophen sind wie Schatzsucher, die vielleicht den Schatz nie finden. Doch indem sie ihn suchen, entdecken sie andere schöne Geheimnisse, die sie sich nicht erhofften.

Alle verschwiegenen Wahrheiten werden giftig.

Friedrich Nietzsche

6. AUGUST

Der Mensch kann sich an vieles gewöhnen, bloß an das nicht, was er haben kann.

Wäre die Sprache nicht das Höchste, was wir haben,
so würde ich Musik noch höher als Sprache
und als ganz zuoberst setzen.

Johann Wolfgang von Goethe

7. AUGUST

In jedem Menschen ist Sonne – man muss sie nur zum Leuchten bringen.

Traue niemandem in Angelegenheiten,
die seine Leidenschaften sind.

Earl of Chesterfield

8. AUGUST

Glück ist eine stille Stunde, Glück ist auch ein gutes Buch, Glück ist Spaß in froher Runde, Glück ist freundlicher Besuch.

Was nutzt es dem Hasen,
dass er stets offene Augen hat.

Stanislaw Lec

9. AUGUST

Wer die Gottesgabe der Begeisterung besitzt, der wird wohl älter, aber niemals alt.

Was heute nicht geschieht, ist morgen nicht getan,
Und keinen Tag soll man verpassen.

Johann Wolfgang von Goethe,
Faust

10. AUGUST

Philosophische Gedanken sind wie ein guter Wein. In Maßen genossen wirken sie anregend. Bei einer Überdosis hingegen kann einem schnell schlecht werden.

Wenn man vor Liebe blind ist,
sieht man vielleicht am schärfsten.

Glenn Close

11. AUGUST

Zum Donner: Wenn man immer bloß sehen wollte, was einem fehlt, dann käme ja kein Mensch in keinem Augenblick zum Lebensgenuss.

Wo es mir gut geht – da ist meine Heimat.

Aristophanes

12. AUGUST

Gegen trübe Gedanken sind bei jungen und alten, kurz bei allen Menschen Heiterkeit und Mut, eine unschuldige Heiterkeit und ein vernünftiger und ehrenhafter Mut die besten Schutzmittel.

Astrologie ist Aberglaube aus zweiter Hand.

Theodor Adorno

13. AUGUST

Da wir sind, was wir tun, müssen wir, wenn wir das verändern wollen, was wir sind, anfangen zu verändern, was wir tun.

Alle Versuche,
eine erloschene Liebe wiederzubeleben, sind vergeblich.
Im besten Falle zeugt man einen neuen Menschen.

Stanislaw Lec

14. AUGUST

Nur auf uns selbst sind wir stets angewiesen, an allen Orten und zu allen Zeiten. Darum, willst du Glückseligkeit genießen, so kannst du sie nur selber dir bereiten.

Wir sehnen uns nicht nach bestimmten Dingen zurück, sondern nach den Gefühlen, die sie in uns auslösen.

Sigmund Graff

15. AUGUST

Begeisterung ist ein Feuer, das die Innenwelt in Fluss erhält. Aber Vernunft muss ihr die Gussform richten, in die sich das geschmolzene Metall ergießt.

Baukunst ist verstummte Tonkunst.

Johann Wolfgang von Goethe

16. AUGUST

Philosophen sind wie Riechsalz, deren Aufgabe es ist, den Menschen aus seinem geistigen Tiefschlaf zu erwecken, wobei sie nicht immer angenehm sind.

Wer sich mit Hunden schlafen legt,
wacht mit Flöhen wieder auf.

Spanisches Sprichwort

17. AUGUST

Der Schöpfer hatte Freude an allem, was er gemacht hatte. Der Mensch, der diese Herrlichkeiten genießen kann, ist ohnehin unzufrieden.

Das Leben ist dazu da, um gelebt zu werden.

Sigmund Freud

18. AUGUST

Die Heiterkeit und der Lebensmut unserer Jugend beruht zum Teil darauf, dass wir, bergauf gehend, den Tod nicht sehen; weil er am Fuß der anderen Seite des Berges liegt.

Das Übel gedeiht nie besser,
als wenn ein Ideal davor steht.

Karl Kraus

19. AUGUST

Grundsätze sind dazu da, hochgehalten zu werden, damit man drunter durchschlüpfen kann.

Der kluge Mann baut vor.

Friedrich von Schiller,
Wilhelm Tell

20. AUGUST

Ach, wie liebe ich das Leben und das heiter Glücklichsein, das nur mein Denken mir kann geben, denn das Leben ist gemein.

Unsichtbare Harmonie
ist stärker als sichtbare.

Heraklit

21. AUGUST

Wird die Begeisterung erst einmal lächerlich gemacht, so wird alles zunichte gemacht, außer dem Geld und der Macht.

So gebet dem Kaiser, was des Kaisers ist,
und Gott, was Gottes ist!

Bibelzitat,
Matthäus 22,21

22. AUGUST

Das bescheidene Eingeständnis der Unwissenheit ist die reifste und letzte Errungenschaft der Philosophie.

Wer ein „Warum" zu leben hat,
erträgt fast jedes „Wie".

Friedrich Nietzsche

23. AUGUST

In den unterentwickelten Ländern kochen die Frauen das Essen und singen fröhliche Lieder dabei. In den entwickelten Ländern gehen die Frauen in den Supermarkt und stimmen Klagelieder an.

Abwesende haben immer unrecht.

Giacomo Casanova

24. AUGUST

Ein Gemüt, das sich meist in Heiterkeit erhält, ist schon darum so schön, weil es immer auch ein genügsames und anspruchsloses ist.

Nicht durch Alter, sondern durch Fähigkeit
erreicht man Weisheit.

Plautus

25. AUGUST

Bewunderung ist eine sehr kurzlebige Leidenschaft, die sofort verfällt, sobald man mit ihrem Gegenstand näher bekannt wird.

Suche nicht andere,
sondern dich selbst zu beherrschen.

Cicero

26. AUGUST

Jeder angenehme Augenblick hat Wert für mich – Glückseligkeit besteht nur in Augenblicken. Ich wurde glücklich, da ich das lernte.

Man soll den Feind nicht schlechter machen,
als er ohnehin ist.

Mark Twain

27. AUGUST

Ohne Begeisterung geschah nichts Großes und Gutes auf der Erde; die man für Schwärmer hielt, haben dem menschlichen Geschlecht die nützlichsten Dienste geleistet.

Zu dem, der warten kann, kommt alles.

Französisches Sprichwort

28. AUGUST

Philosophie ist, Dinge zu analysieren, von denen man keine Ahnung hat und trotzdem über sie spricht.

Alles ist gut! Nur nicht immer,
nur nicht überall, nur nicht für alle.

Novalis

29. AUGUST

Manch einer, der aus seinem täglichen Leben einmal ausbrechen wollte, ist oftmals nur noch mehr eingebrochen.

Bei vielen Erfolgsmenschen
ist der Erfolg größer
als die Menschlichkeit.

Daphne du Maurier

30. AUGUST

Wer Weisheit mit Heiterkeit und Liebenswürdigkeit verbindet, hat die höchste Stufe im Menschenleben erreicht.

Das Positive am Skeptiker ist,
dass er alles für möglich hält.

Thomas Mann

31. AUGUST

Wir verlangen, das Leben müsse einen Sinn haben, aber es hat nur genau so viel Sinn, als wir selber ihm zu geben imstande sind.

Das Glück ist in uns,
und sonst nirgends.

Heinrich Heine

1. SEPTEMBER

Vermehrung des menschlichen Glücks wird nur durch Vermehrung der Liebe möglich.

Das Wort verwundet leichter, als es heilt.

Johann Wolfgang von Goethe,
Die natürliche Tochter

2. SEPTEMBER

Begeisterung ist jene Laune des Geistes, bei der die Vorstellungskraft den besseren Teil des Urteils ausmacht.

Einen Menschen zu lieben, heißt,
ihn so zu sehen,
wie Gott ihn gemacht hat.

Fjodor Dostojewski

3. SEPTEMBER

Philosophie, die Liebe zur Weisheit, ist im tiefsten Grunde nur die Abwehr des Unbegreiflichen.

Wer hohe Türme bauen will,
muss lange am Fundament arbeiten.

Anton Bruckner

4. SEPTEMBER

Sieh, dass du Mensch bleibst. Mensch sein ist von allem die Hauptsache. Und das heißt fest und klar und heiter sein, ja heiter, trotz alledem.

Wer seines Körpers Sklave ist,
wird vieler Herren Sklave.

Seneca

5. SEPTEMBER

Wer nicht zufrieden sein will, muss seine Unzufriedenheit ertragen.

Wohl dem, der seiner Väter gern gedenkt.

Johann Wolfgang von Goethe,
Iphigenie

6. SEPTEMBER

Der Mensch sollte sich niemals genieren, einen Irrtum zuzugeben, zeigt er doch damit, dass er sich entwickelt, dass er gescheiter ist als gestern.

Wo das Glück einmal einkehrt,
da greift es um sich.

Gottfried Keller

7. SEPTEMBER

Wir suchen unser Glück außerhalb von uns selbst, noch dazu im Urteil der Menschen, die wir doch als kriecherisch kennen und als wenig aufrichtig, als Menschen ohne Sinn für Gerechtigkeit, voller Missgunst, Launen und Vorurteile: wie absurd!

Zum Bereuen ist es nie zu spät.

Englisches Sprichwort

8. SEPTEMBER

Begeisterungsfähigkeit setzt Geist voraus. Ohne Geist lassen sich allenfalls Gefühle in Wallung bringen.

Arbeit ist oft die einzige Erholung
von der Last des Daseins.

Peter Rosegger

9. SEPTEMBER

Dieses Leben ist ein fortgesetzter Kampf, und die Philosophie ist das einzige Heilpflaster, das man auf die Wunden legen kann, die man von allen Seiten empfängt: es heilt nicht, aber es lindert; und das ist viel.

Der Mensch ist verloren,
der sich zu früh für ein Genie hält.

Georg Christoph Lichtenberg

10. SEPTEMBER

Weil immer das andere das Bessere ist, bist du nie zufrieden.

Das Schönste, was wir erleben können,
ist das Geheimnisvolle.

Albert Einstein

11. SEPTEMBER

Ein frohes, heiteres Gemüt ist die Quelle alles Edlen und Guten; das Größte und Schönste, was je geschah, floss aus einer solchen Stimmung.

Forsche nie nach des Nachbarn
und des Freundes Geheimnis.

Johann K. Lavater

12. SEPTEMBER

Das Rezept für Gelassenheit ist ganz einfach: Man darf sich nicht über Dinge aufregen, die sich nicht zu ändern sind.

Gemeinsame geistige Tätigkeit verbindet enger
als das Band der Ehe.

Marie von Ebner-Eschenbach

13. SEPTEMBER

Glaube, dass das Glück nur in der heiteren Auffassung des Lebens und in der Vortrefflichkeit des Herzens und nicht in den äußeren Umständen liegt.

Heimat ist da, wo ich verstehe
und wo ich verstanden werde.

Karl Jaspers

14. SEPTEMBER

Ohne Begeisterung kann man sich niemals zu großen Wahrheiten aufschwingen.

Gang und Haltung
verraten mehr als das Gesicht.

Alec Guinness

15. SEPTEMBER

Philosophie ist ein Versuch, Dinge zu erklären, die den menschlichen Verstand überschreiten und somit eine Gefahr darstellen. Denn der Mensch fürchtet das Unerforschte.

Nur eines beglückt zu jeder Frist:
schaffen, wofür man geschaffen ist.

Paul Heyse

16. SEPTEMBER

Die Glücklichen haben viele Vorbilder, die Unglücklichen viele Nachahmer.

Nachdenken enthält eine unerschöpfliche Quelle
von Trost und Beruhigung.

Novalis

17. SEPTEMBER

Heiter sein heißt, dass einem vielleicht das Lachen, aber nie das Lächeln vergeht.

Ruhm bedeutet vor allem,
dass man zum richtigen Zeitpunkt stirbt.

Alfred Polgar

18. SEPTEMBER

Die Energie – der Mittelpunkt des Willens – schafft zu allen Zeiten die Wunder der Begeisterung. Überall ist sie Triebfeder dessen, was wir Charakterstärke nennen, und die erhaltende Kraft jeder großen Tat.

In jedem Kind liegt eine wunderbare Tiefe.

Robert Schumann

19. SEPTEMBER

Oft genug gibt es zwei Wahrheiten – eine, die uns gefällt, und eine, die uns verfolgt.

Persönlichkeiten, nicht Prinzipien,
bringen die Zeit in Bewegung.

Oscar Wilde

20. SEPTEMBER

Ein jeder hat seine eigne Art, glücklich zu sein, und niemand darf vom anderen verlangen, dass man es in der seinigen sein soll.

Aus dem Hässlichen lässt sich viel machen,
aus dem Schönen nichts.

Johann Wolfgang von Goethe

21. SEPTEMBER

Der Philosoph ist ein Mensch, der nicht glauben will, was er sieht, weil er zu sehr damit beschäftigt ist, darüber nachzudenken, was er nicht sieht.

Wenn es einen Weg gibt,
etwas besser zu machen: Finde ihn!

Thomas A. Edison

22. SEPTEMBER

Wer sich auf die Kraft der Heiterkeit verlässt, wird vom Glück nur ganz selten verlassen.

Was du wirklich besitzt,
das wurde dir geschenkt.

Marie von Ebner-Eschenbach

23. SEPTEMBER

Wer sich in diesen Zeiten entschlossen hat, mit dem Kopf zu arbeiten, ohne Fußballer zu sein, ist Kummer gewohnt.

Wem genug zu wenig ist,
dem ist nichts genug.

Epikur

24. SEPTEMBER

Das Wenigste gerade, das Leiseste, das Leichteste, einer Eidechse Rascheln, ein Hauch, ein Husch, ein Augenblick – wenig macht die Art des besten Glücks.

Wage es, weise zu sein.
(Sapere aude.)

Horaz

25. SEPTEMBER

Ohne Begeisterung, welche die Seele mit einer gesunden Wärme erfüllt, wird nie Großes zustande gebracht.

Vergessen ist die wohlfeilste Methode,
zu bewältigen.

Friedrich Luft

26. SEPTEMBER

Es kommt just, wenn es will, und ist's bei dir, genieß es still, denn wenn du laut darüber sprichst, löst es sich sofort auf in nichts: Das Glück.

Wer die Einsamkeit fürchtet,
sollte nicht heiraten.

Anton Tschechow

27. SEPTEMBER

Begeisterung ohne Verstand ist unnütz und gefährlich.

Durch nichts bezeichnen die Menschen
mehr ihren Charakter als durch das,
was sie lächerlich finden.

Johann Wolfgang von Goethe,
Maximen und Reflexionen

28. SEPTEMBER

Studiere nur und raste nie! du kommst nicht weit mit deinen Schlüssen; das ist das Ende der Philosophie, zu wissen, dass wir glauben müssen.

Der Tag ist zum Sehen und die Nacht zum Hören.

Marokkanisches Sprichwort

29. SEPTEMBER

Ein Baum spendet auch denen kühlen Schatten, die schimpfen, dass er kein Licht in ihre Fenster lässt.

Glücklich ist der, der stirbt,
bevor er den Tod gerufen hat.

Francis Bacon

30. SEPTEMBER

Sache der Seele aber ist es, die innere Heiterkeit so lange und immer in dem Grade zu erhalten, als es möglich ist.

Ich hab hier bloß ein Amt
und keine Meinung.

Friedrich von Schiller,
Wallenstein

1. OKTOBER

Wenn Ärger im Menschen ist, so macht er selten das Klügste, sondern gewöhnlich das Dümmste.

Kaum hat einer einen eigenen Willen,
schon wird ihm Eigenwilligkeit vorgeworfen.

Werner Mitsch

2. OKTOBER

Besteht zwischen zwei Menschen völlige Natürlichkeit, so darf ihr Glück für gegründet gelten. Zuneigung und einige andere Gesetze des Seelenlebens machen es einfach zum größten überhaupt möglichen Glück.

Kunst hat nichts mit Moral zu tun.

Heiner Müller

3. OKTOBER

Was ihr nicht tut mit Lust, gedeiht euch nicht.

Ein Lebenskünstler schaut nur
bei guter Laune in den Spiegel.

Werner Mitsch

4. OKTOBER

Diogenes, der in der Tonne lebte, wurde einmal im Hinblick auf seine ärmlichen Lebensumstände gefragt, warum er glaube, dass die Leute Bettlern geben, Philosophen aber nicht. Da sagte er: „Weil sie Angst haben, sie könnten selbst einmal lahm werden oder blind. Aber niemand erwartet, ein Philosoph zu werden."

Wer auf sein Leid tritt, steht höher.

Friedrich Hölderlin

5. OKTOBER

Meistens klagen wir über das, was wir gewünscht haben.

Es ist schwer, den, der uns bewundert,
für einen Dummkopf zu halten.

Marie von Ebner-Eschenbach

6. OKTOBER

Ist einer heiter, so ist es einerlei, ob er jung oder alt, gerade oder bucklig, arm oder reich sei, er ist glücklich.

Es ist besser,
es geschehe Unrecht,
als dass die Welt ohne Gesetz sei.

Johann Wolfgang von Goethe,
Wilhelm Meisters Lehrjahre

7. OKTOBER

Mache, dass ich danach trachte zu trösten, statt getröstet zu werden, zu verstehen, statt verstanden zu werden, zu lieben, statt geliebt zu werden. Denn wir können nur empfangen, wenn wir geben.

Es gibt keine ewigen Wahrheiten.
Ewige Lügen schon.

Stanislaw Lec

8. OKTOBER

Um glücklich zu sein im Leben, brauchen wir etwas zu arbeiten, etwas zu lieben und etwas, auf das wir hoffen können.

Ein Unrecht verdrängt das andere.

Günter Grass

9. OKTOBER

Was du in einem anderen Menschen entzünden willst, muss erst in dir selber brennen.

Arroganz ist das Selbstbewusstsein des
Minderwertigkeitskomplexes.

Jean Rostand

10. OKTOBER

Nenne dich niemals einen Philosophen und sprich unter Ungebildeten auch möglichst nicht über die philosophischen Lehrsätze, sondern handle danach.

Von den Dingen, die einem fehlen,
kann man nie genug haben.

Werner Mitsch

11. OKTOBER

Die Grenzen der menschlichen Vernunft begreifen – das erst ist wahrhaft Philosophie.

Wer Menschenkenntnis hat, ist klug,
wer Selbsterkenntnis hat, ist erleuchtet.

Lao-tse

12. OKTOBER

Man nehme sich vor allen Personen in Acht, welche das bittere Gefühl des Fischers haben, der nach mühevollem Tagewerk am Abend mit leeren Netzen heimfährt.

Wie du beim Sterben gelebt haben möchtest,
so sollst du schon jetzt leben.

Marc Aurel

13. OKTOBER

Wer Seelenfrieden sucht, kann ihn nicht finden, solange er den Grund des Unfriedens in sich selbst hat.

Wir schätzen die Zeit erst,
wenn uns nicht mehr viel davon geblieben ist.

Leo Tolstoi

14. OKTOBER

Seelenruhe, Heiterkeit und Zufriedenheit sind die Grundlagen allen Glücks, aller Gesundheit und des langen Lebens.

Wer sich mit der Kunst verheiratet,
bekommt die Kritik
als Schwiegermutter.

Hildegard Knef

15. OKTOBER

An der Hälfte des Unheils, das auf der Welt geschieht, sind Menschen schuld, die sich wichtig machen wollen.

Wozu der Lärm? Wozu das Drängen, Toben,
die Angst und die Not? Es handelt sich ja doch bloß darum,
dass jeder Hans seine Grete finde.

Arthur Schopenhauer

16. OKTOBER

Wohl kann die Brust den Schmerz verschlossen halten, doch stummes Glück erträgt die Seele nicht.

Zuverlässigkeit kann auch darin bestehen,
dass jemand regelmäßig versagt.

Amintore Fanfani

17. OKTOBER

Wer mit Nachdruck etwas zum Ausdruck bringt, macht Eindruck.

Ärzte können ihre Fehler begraben,
aber ein Architekt kann seinen Kunden nur raten,
Efeu zu pflanzen.

George Sand

18. OKTOBER

Der heitere Mensch lernt und denkt in einer Stunde mehr als der trübe und verstimmte in Wochen. Nur Heiterkeit bringt den wahren gedeihlichen Fleiß hervor.

Die Kunst hat kein Vaterland.

Carl Maria von Weber

19. OKTOBER

Es ist besser, Genossenes zu bereuen als zu bereuen, dass man nicht genossen hat.

Ein Gott ist der Mensch, wenn er träumt –
ein Bettler, wenn er denkt.

Friedrich Hölderlin

20. OKTOBER

Jedes Glück hat einen kleinen Stich. Wir möchten so viel: Haben. Sein. Und gelten. Dass einer alles hat, das ist selten.

Die Forderung,
geliebt zu werden,
ist die größte aller Anmaßungen.

Friedrich Nietzsche

21. OKTOBER

Man muss sein wie eine Lampe, abgeschirmt gegen äußere Störungen – den Wind, Insekten, und gleichzeitig rein, durchsichtig und mit heißer Flamme brennend.

Ein Mann ist oft zu jung, um zu heiraten,
aber nie zu alt, um sich zu verlieben.

Finnisches Sprichwort

22. OKTOBER

Wenn man zu leben versucht, ohne zu philosophieren, dann ist das, als halte man die Augen geschlossen, ohne daran zu denken, sie zu öffnen.

Sprachkürze gibt Denkweite.

Jean Paul

23. OKTOBER

Ist ein Mensch unzufrieden, fehlen ihm die Möglichkeiten, sich zu äußern und das zu zeigen, was an Gutem in ihm steckt.

Nichts ist tragischer als die Resignation,
die zu früh kommt.

Marie von Ebner-Eschenbach

24. OKTOBER

Der Heiterkeit sollen wir, wenn immer sie sich einstellt, Tür und Tor öffnen, denn sie kommt nie zur unrechten Zeit.

Und doch ist nie der Tod
ein ganz willkommner Gast.

Johann Wolfgang von Goethe,
Faust

25. OKTOBER

Es gibt zwei Möglichkeiten, leicht durchs Leben zu kommen: Alles zu glauben oder alles anzuzweifeln. Beides erspart einem das Nachdenken.

Manche denken deshalb viel,
um an vieles nicht mehr denken zu müssen.

Stanislaw Lec

26. OKTOBER

Jeder hält sein Glück in den eigenen Händen. Doch wenn wir das Glück zu fest anpacken, dann wird es sich nie entfalten können.

Die Kunst ist das Gewissen der Menschheit.

Friedrich Hebbel

27. OKTOBER

Umsonst bist du von edler Glut entbrannt,
wenn du nicht sonnenklar dein Ziel erkannt.

Die Frau ist da, damit der Mann durch sie klug werde.
Er wird es nicht, wenn er aus ihr nicht klug werden kann.
Oder wenn sie zu klug ist.

Karl Kraus

28. OKTOBER

Die meisten Menschen wissen halbwegs, was sie denken, aber nicht im Geringsten, welche Philosophie sie haben.

Die Menschen verlieren zuerst ihre Illusionen,
dann ihre Zähne und ganz zuletzt ihre Laster.

Hans Moser

29. OKTOBER

Das ist es, was euch in solches Elend stürzt: Mit dem eigenen Geschick unzufrieden, strebt ein jeder im Geiste nach dem höchsten Glück.

Die Zeit bekehrt mehr Menschen als die Vernunft.

Thomas Paine

30. OKTOBER

Verlange nicht, dass das, was geschieht, so geschieht, wie du es wünschst, sondern wünsche, dass es so geschieht, wie es geschieht, und dein Leben wird heiter dahinströmen.

Des Menschen Wille, das ist sein Glück.

Friedrich von Schiller,
Wallenstein

31. OKTOBER

Es gibt Augenblicke, in denen man nicht nur sehen, sondern ein Auge zudrücken muss.

Die Suche nach einer Melodie in meinen Kompositionen
gleicht der Suche nach einem Huhn
in einem abstrakten Gemälde.

Karl-Heinz Stockhausen

1. NOVEMBER

Was der Mensch wirklich will, ist letzten Endes nicht das Glücklichsein, sondern ein Grund zum Glücklichsein.

Ein Mann kann mit jeder Frau glücklich sein,
solange er sie nicht liebt.

Oscar Wilde

2. NOVEMBER

Ungelogene Begeisterung ist die tiefste Lebenspoesie, die unmittelbarste, reinste Glückseligkeit, die wir Menschen kennen.

Ein Verein ist eine Vereinigung von Personen,
die entweder gemeinsam Krach machen
oder miteinander Krach haben.

Gerhard Uhlenbruck

3. NOVEMBER

Ein „Praktiker“ hat für jedes Problem eine Lösung. Ein „Philosoph“ hat Probleme für jede Lösung.

Es gibt keine Wirklichkeit als die,
die wir in uns haben.

Hermann Hesse

4. NOVEMBER

Wenn wir mal wieder so richtig unzufrieden sind mit unseren Lebensumständen, sollten wir an die Millionen Menschen denken, die glücklich wären, wenn es ihnen so schlecht gehen würde, wie wir es uns oftmals vorjammern.

Geduld.
Es bedarf großer Geduld, um sie zu lernen.

Stanislaw Lec

5. NOVEMBER

Habe Achtung vor der Freiheit des anderen, aber unterwerfe dich ihr nicht.

Geiz zerstört die Seele und den Körper.

Abessinisches Sprichwort

6. NOVEMBER

Habe den Mut, anderen zu vertrauen, auch wenn du immer wieder enttäuscht wirst.

Alter schützt vor Liebe nicht,
aber Liebe vor dem Altern.

Coco Chanel

7. NOVEMBER

Das größte Glück des Menschen ist, dass er selber Urheber seiner Glückseligkeit ist, wenn er fühlt, das zu genießen, was er selber sich erworben hat.

Das Gedächtnis der Menschheit
für erduldete Leiden ist erstaunlich kurz.

Berthold Brecht

8. NOVEMBER

Wo Begeisterung zum Vorschein kommt, verschwindet die Gleichgültigkeit.

Bildung ist das,
was die meisten empfangen,
viele weitergeben
und wenige haben.

Karl Kraus

9. NOVEMBER

Die Philosophen haben die Welt nur verschieden interpretiert, es kommt aber darauf an, sie zu verändern.

Man darf die Wahrheit nicht mit der Mehrheit verwechseln.

Jean Cocteau

10. NOVEMBER

Unsere Unzufriedenheit rührt nicht daher, dass wir zu wenig haben, sondern dass wir immer noch mehr haben wollen.

Kunst ist eine Lüge,
die uns die Wahrheit erkennen lässt.

Pablo Picasso

11. NOVEMBER

Freiheit ist die Möglichkeit, egoistische Entscheidungen zu treffen.

Wer freudig etwas tut
und sich des Getanen freut, ist glücklich.

Johann Wolfgang von Goethe,
Maximen und Reflexionen

12. NOVEMBER

Keine Leidenschaft ist stärker in der menschlichen Brust als das Verlangen, andere glauben zu machen, was man selbst glaubt.

Wer niemals einen Rausch gehabt,
Der ist kein braver Mann.

Wenzel Müller,
Das Neu-Sonntagskind

13. NOVEMBER

Ich suche mein Glück nicht im Zusammentreffen und Genießen irdischer Güter, denn darin ist es nicht zu finden. Ich habe mein Glück stets in der Natur und in der Arbeitsfreude gefunden.

Das Leben nimmt den Menschen viel Zeit weg.

Stanislaw Lec

14. NOVEMBER

Begeisterung ist alles! Gib einem Menschen alle Gaben dieser Erde und nimm ihm die Fähigkeit zur Begeisterung, und du verdammst ihn zum ewigen Tod.

Getrennt marschieren, vereint schlagen.

Helmuth Graf von Moltke

15. NOVEMBER

Alle Spekulation, vielleicht alles Philosophieren, ist nur ein Denken in Spiralen; wir kommen wohl höher, aber nicht eigentlich weiter, und dem Zentrum der Welt bleiben wir immer gleich fern.

Denke bescheiden, fühle stolz.

Bulgarisches Sprichwort

16. NOVEMBER

Der Mensch weiß viel zu oft, was er will, nur selten aber, was er braucht.

Man sollte das Glück nicht hindern,
auf einen zuzukommen.

Hans-Jürgen Wischnewski

17. NOVEMBER

Freiheit haben ist nur das, was wir notwendig brauchen, um so sein zu können, wie wir eigentlich sein sollten.

Mit der Dummheit
kämpfen Götter selbst vergebens.

Friedrich von Schiller,
Die Jungfrau von Orleans

18. NOVEMBER

Es ist ein großer Trost, andere dort scheitern zu sehen, wo man selbst gescheitert ist.

Das Gute – dieser Satz steht fest –
Ist stets das Böse, das man lässt!

Wilhelm Busch,
Die fromme Helene

19. NOVEMBER

Wie unvermögend ist doch der gutwilligste Fleiß der Menschen gegen die Allmacht der ungeteilten Begeisterung.

Lieber gehen die Menschen zugrunde,
als ihre Gewohnheiten zu ändern.

Leo Tolstoi

20. NOVEMBER

Glücklichsein, das ist des Menschen erster Wunsch und letztes Ziel, er erreicht es im Bunde mit der gütigen Natur; er erreicht es mit der Leuchte des Schönen in der Kunst; er erreicht es auf der Stufenleiter der Tugenden.

Mancher hat, aus Furcht zu irren, sich verirrt.

Gotthold Ephraim Lessing

21. NOVEMBER

Gewissheit gibt allein die Mathematik. Aber leider streift sie nur den Oberrock der Dinge. Wer je ein gründliches Erstaunen über die Welt empfunden, will mehr. Er philosophiert.

Das Recht ist die Waffe des Schwachen.

Gustav Heinemann

22. NOVEMBER

Unzufriedenheit mit sich selbst bildet ein Grundelement jedes echten Talents.

Jeder Vergleich ist das Ende des Glücks
und der Anfang der Unzufriedenheit.

Sören Kierkegaard

23. NOVEMBER

Kein Einzelner kann glücklich sein, ehe es nicht alle sind, weil kein Einzelner frei sein kann, ehe nicht alle frei sind.

Nun sag, wie hast du's mit der Religion?
(Gretchenfrage)

Johann Wolfgang von Goethe,
Faust

24. NOVEMBER

Im Alter bereut man vor allem die Sünden, die man nicht begangen hat.

Wenn einem das Wasser bis zum Hals steht,
darf man nicht den Kopf hängen lassen.

Ulrich Steger

25. NOVEMBER

Glück ist, wenn deine Gedanken, deine Worte und dein Tun im Einklang sind.

Was der Mensch sät,
das wird er ernten.

Bibelzitat,
Galater 6,7

26. NOVEMBER

Wer begeistern will, der muss selbst begeistert sein, der muss begeistert wirken und er muss begeistert handeln.

Der Arbeiter soll seine Pflicht tun,
der Arbeitgeber soll mehr tun als seine Pflicht.

Marie von Ebner-Eschenbach

27. NOVEMBER

Bekommst du eine gute Frau, wirst du glücklich werden; bekommst du eine schlechte, wirst du Philosoph werden.

Es ist leichter,
eine gute Gewohnheit anzunehmen,
als eine schlechte abzulegen.

August von Platen

28. NOVEMBER

Er ist ein Mann, dem man es nie recht machen kann, weil er mit sich selbst nicht zufrieden ist.

Man sollte nie eine Dummheit zweimal begehen –
die Auswahl ist groß genug.

Bertrand Russel

29. NOVEMBER

Nicht das macht frei, dass wir nichts über uns anerkennen wollen, sondern eben, dass wir etwas verehren, das über uns ist.

Mit einem Herrn steht es gut,
Der, was er befohlen, selber tut.

Johann Wolfgang von Goethe,
Gedichte

30. NOVEMBER

Nichts kann mehr zu einer Seelenruhe beitragen, als wenn man gar keine Meinung hat.

Einmal selbst sehen ist mehr wert
als hundertmal hören.

Japanisches Sprichwort

1. DEZEMBER

Dass andere Leute kein Glück haben, finden wir sehr leicht natürlich, dass wir selbst keins haben, immer unfassbar.

Hannemann, geh du voran,
du hast die größten Stiefel an.

Hans Sachs,
Von den Sieben Schwaben

2. DEZEMBER

Begeisterte Menschen sind Kämpfer! Sie haben große Seelenkräfte und besitzen Standfestigkeit.

Ein reicher Mann ist oft nur ein armer Mann
mit sehr viel Geld.

Aristoteles Onassis

3. DEZEMBER

Das Glück, wenn es mir recht ist, liegt in zweierlei: Darin, dass man ganz da steht, wo man hingehört, und zum Zweiten und Besten in einem behaglichen Abwickeln des ganz Alltäglichen.

Nur der Betrug entehrt,
der Irrtum nie.

Georg Christoph Lichtenberg

4. DEZEMBER

Das „Warum“ des Kindes ist der Beginn der Philosophie.

Armut ist die größte Plage,
Reichtum ist das höchste Gut!

Johann Wolfgang von Goethe,
Der Schatzgräber

5. DEZEMBER

Wer mit sich unzufrieden ist, ist fortwährend bereit, sich dafür zu rächen.

Das Leben
gibt dem Sterblichen
nichts ohne große Arbeit.
(Nil sine magno vita labore dedit mortalibus.)

Horaz

6. DEZEMBER

Wünsch dir im Leben immer nur so viel Freiheit, wie du die damit verbundene Selbstständigkeit bewältigen kannst.

Der Kluge horcht nach der Vergangenheit,
wandelt nach der Gegenwart
und denkt an die Zukunft.

Italienisches Sprichwort

7. DEZEMBER

Mäßigkeit setzt Genuss voraus, Enthaltsamkeit nicht. Es gibt daher mehr enthaltsame Menschen als solche, die mäßig sind.

Bankraub ist eine Unternehmung von Dilettanten.
Wahre Profis gründen eine Bank.

Berthold Brecht

8. DEZEMBER

Begeisterung ist das Leuchten in deinen Augen, der Schwung deines Schrittes, der Griff deiner Hand, die unwiderstehliche Willenskraft und Energie zur Ausführung deiner Ideen.

Ehe wir uns anschicken,
andere zu überzeugen,
müssen wir selbst überzeugt sein.

Dale Carnegie

9. DEZEMBER

Wer sagt, was er weiß, verrät auch, was er nicht weiß.

Es gibt keine reine Wahrheit,
ebenso wenig einen reinen Irrtum.

Friedrich Hebbel

10. DEZEMBER

Milliarden von Jahren gab es den Menschen nicht. Aber kaum ist er da, regt er sich über jedes Kinkerlitzchen auf.

Frauen sind klüger als Männer,
weil sie weniger wissen
und mehr verstehen.

Anthony Quinn

11. DEZEMBER

Ich will mein volles Freiheitsrecht! Find ich die geringste Beschränknis, verwandelt sich mir das Paradies in Hölle und Gefängnis.

Tugend ist die Höflichkeit der Seele.

Honoré de Balzac

12. DEZEMBER

Es gibt Leute, die gut zahlen, die schlecht zahlen, Leute, die prompt zahlen, die nie zahlen, Leute, die schleppend zahlen, die bar zahlen, abzahlen, draufzahlen, heimzahlen – nur Leute, die gern zahlen, die gibt es nicht.

Der Krieg ist der Vater aller Dinge.

Heraklit

13. DEZEMBER

Allzu oft vergessen wir, wie glücklich wir uns schätzen müssen, in einer Umgebung zu leben, in der Glück mehr ist als ein Dasein ohne Tragik.

Die Zunge ist der Degen der Frauen.

Chinesisches Sprichwort

14. DEZEMBER

Besser als einer, der weiß, was recht ist, ist einer, der liebt, was recht ist; und besser als einer, der liebt, was recht ist, ist einer, der Begeisterung fühlt für das, was recht ist.

Es gibt mehr Leute, die kapitulieren,
als solche, die scheitern.

Henry Ford

15. DEZEMBER

Wer zu wissen glaubt, was man wissen sollte, weiß nicht, was er wissen müsste.

Man muss sein Leben aus dem Holz schnitzen,
das man zur Verfügung hat.

Theodor Storm

16. DEZEMBER

Wenn du unzufrieden mit dir selber bist, schau in die Augen derer, die sich selbst nicht lieben können. Und schon siehst du dich im neuen Lichte.

Schnell fertig ist die Jugend mit dem Wort.

Friedrich von Schiller,
Wallenstein

17. DEZEMBER

Das Erste darum, was wir tun können, um an der allgemeinen Freiheit mitzuhelfen, ist, dass wir selber frei zu werden suchen, so viel uns immer möglich ist.

Erträglich ist der Mensch als Einzelner.

Franz Grillparzer

18. DEZEMBER

Es gibt Leute, die glauben, alles wäre vernünftig, was man mit einem ernsthaften Gesicht tut.

Sich selbst zu überraschen, ist das,
was das Leben lebenswert macht.

Oscar Wilde

19. DEZEMBER

Das Glück ist im Grunde nichts anderes als der mutige Wille, zu leben, indem man die Bedingungen dieses Lebens annimmt.

Freiwillig ist alles,
was wir ohne Zwang,
aber mit Bewusstsein tun.

Plotin

20. DEZEMBER

Begeisterung spricht nicht immer für den, der sie erweckt, aber immer für den, der sie empfindet.

Die Arbeit macht uns kein Vergnügen,
wenn wir nur fremde Äcker pflügen.

Eugen Roth

21. DEZEMBER

O glücklich!, wer noch hoffen kann, aus diesem Meer des Irrtums aufzutauchen. Was man nicht weiß, das eben brauchte man, und was man weiß, kann man nicht brauchen.

Das Genie entdeckt die Frage,
das Talent beantwortet sie.

K. H. Waggerl

22. DEZEMBER

Die Suppe, die du gekocht hast, finden neunundneunzig Leute exzellent. Der Hundertste wird aber sicher ein Haar darin finden.

Wer Papst werden will,
darf an nichts anderes denken.

Spanisches Sprichwort

23. DEZEMBER

Wer seine eigene Freiheit sichern will, muss selbst seinen Feind vor Unterdrückung schützen.

Charakter ist das,
was man hat,
wenn keiner zuschaut.

Siegfried Lowitz

24. DEZEMBER

Mögen alle deine Träume wahr werden, mögen alle deine Himmel blau sein, mögen alle deine Freunde wahrhaft Freunde sein, mögen alle deine Freuden vollkommen sein, mögen Glück und Lachen alle deine Tage ausfüllen.

Wer in Furcht lebt, ist nicht frei.

Horaz

25. DEZEMBER

Vom Wahrsagen lässt sich wohl leben, aber nicht vom Wahrheitsagen.

Das Vorurteil
ist das Kind der Unwissenheit.

William Hazlitt

26. DEZEMBER

Erst wenn jeder nicht nach irdischem Glück trachtet, sondern geistiges Glück erstrebt, das immer Opfer bedeutet und durch Opfer geprüft wird, erst dann ist das größte Glück aller gewährleistet.

Einem Kritiker ist noch nie ein Denkmal gesetzt worden.

Andrew Lloyd Webber

27. DEZEMBER

Jeder Fehler erscheint unglaublich dumm, wenn andere ihn begehen.

Nicht der ist arm, der wenig hat,
sondern der, der mehr begehrt, als er hat.

Seneca

28. DEZEMBER

Du bist begeistert, du hast Mut – auch das ist gut! Doch kann man mit Begeisterungsschätzen nicht die Besonnenheit ersetzen.

Der Gebildete widerspricht den anderen,
der Weise sich selbst.

Oscar Wilde

29. DEZEMBER

Man vermutet immer mehr hinter dem, was einem halb verborgen ist.

Das Gerücht wächst,
wenn es verbreitet wird.
(Fama crescit eundo.)

Vergil

30. DEZEMBER

Beklage nicht, was nicht zu ändern ist, aber ändere, was zu beklagen ist.

Der Gebrauch der Freiheit
schließt Missbrauch immer ein.

Christoph Hein

31. DEZEMBER

Frei ist, wer keine Angst hat, etwas zu verlieren, oder tatsächlich nichts zu verlieren hat.

Wer mit Weisen umgeht,
der wird weise.

Bibelzitat,
Prediger Salomo 13,20